Zeit meines Lebens

사라지는, 살아지는

—

우리는 어쩌면 하나의 꿈 속에서
영원인듯 피어오르기도 했었지.

사라진다.
살아진다.

어쩌면 이런 시간에,
함께 울기 좋은 이런 계절에.

_ 04. 02. 2018

—

Alles sind zu mir gekommen und haben mich
verlassen, ohne meinen Willen.

Zeit meines Lebens werde ich jedoch verleben,
wenn die Zeit an einem vorbeigehtund
verschwindet.

Jedesmal kommen und gehen sie wieder,
Ich leide die ganze Zeit.

알 수 있는 것도 할 수 있는 것도

—

앞으로 이 계절은 나를 몇 번이나 찾아올까요?

알 수 있는 것도 할 수 있는 것도
아무것도 없으므로,
이 날을 마지막인 것처럼 살 수밖에 없었습니다.

내일 떨어질 꽃잎은 꽃잎도 모릅니다.
우리의 내일처럼요.

우리는 살아야 하고 꽃잎은 꽃을 열 뿐입니다.
알 수 없는 채로 해야 할 뿐입니다.

사라진다, 살아진다

―

잘 사라지는 중입니다. 어쩌면 사라지는대도 사라지고 싶어서 살고 있다 해도, 살고 싶어서 이렇게 짓거리나 봅니다. 기다리지 않아도 오고 떠나지 말라고 해도 떠나는 이 의지와 무관한 채 살아지는 숱한 계절들을 통과하며 잘 사라지는 일.

그대와 나와 바람과 눈물과 꽃과 노래와
열병과 오한을 깍지 낀 채 마치 기도문을 외듯
이토록 간절히 속삭이며 잘 살아지는 일.

네, 살고 싶지 않아도 살아지고 살고 싶은 날에도 살고 있는, 이런 알 수 없는 생의 한가운데를 오래 서성입니다. 단지 우리 잘 사라지기로 해요, 그리고 우리 잘 살아지기로 해요.

장면

—

삶의 영화는 내가 만들어가는 것.
감독이자 주인공인 나는
새하얀 숲길을 천천히 걷는 장면을 시작한다.

걸어보는 일. 당신을 만나러 가듯
천천히 걸어보는 일.

쓴다는 것

—

글을 쓴다는 것은, 소복하게 쌓인 흰 눈을 처음 걸어보는 것처럼 지면 위에 조심이 살아있음을 증명하는 행위와도 같다.

그렇게 걷고 걷다 보면, 발아래 온기를 따라 풀들도 자라고 꽃들도 피겠지. 꽃잎 위에 나비도 앉고, 새 한 마리 찾아와 구름을 쪼아 대기도 하겠지. 빗방울이 한껏 정밀묘사하고 나면, 마음에는 다 자란 풀들이 온갖 녹음을 뽐내기도 하겠지.

Von der Blumen

—

저는 지금 단어와 단어가 꽃잎을 모방하며 서서히
내려앉는 이상한 계절의 중앙에 살고 있습니다.

꿈

—

봄. 잠시 멈춰 서서 봄꽃의 소식을 다 듣고 걸어야겠다. 내 모든 꿈 중에서 가장 큰 꿈은 봄꽃의 안부를 다 물어보는 일. 내 생의 부귀영화는 아마 조만간 꽃들과 함께 피고 질 터이니 이 꿈만은 놓치지 말아야겠다.

이런 계절이 오면요,
나는 꽃의 언어를 해석하는 사람이 되어요.

꽃으로 태어나자

—

너는 내게 다시 태어난다면 무엇을 하고 싶냐고 물었다.

가장 작은 마을에서 평생 꽃잎을 닦는 일을 할 거야.
꽃들의 언어를 해석하며 시를 쓰는 생을 살겠지.

아니다. 차라리 꽃으로 태어나자.
아무도 살지 않는 숲속에서 원 없이 피고 지자.

최선을 다해, 봄

—

꽃의 얼굴로 태어난 아이들. 방금 막 눈을 뜬 그들이 미지의 아침을 일으키며 말했다.
나는 여기서 나의 삶을 살 거예요. 그 누구도 대신 살아줄 수 없는 나의 삶을, 최선을 다해 온몸을 펼 거예요.

그렇게 그들의 노고를 다해 만들어나가는 나라는 봄이다. 최선을 다해 봄이다. 난 이곳을 잠시 지나가던 중이었는데 불현듯 창피하다. 저 여린 것들도 의지를 다하고 자신을 다하는데 나는 나에게 최선을 다하고 있는 걸까?
그런데 나의 삶에는 어떤 이름을 붙일 수 있을까?

―

세상과 세상의 모든 문을 노크하고
삶과 삶이 머무는 모든 통로를 지나갈 것.

조금은 더 격정적으로, 격정적으로
더 많이 웃고 울며 감동하고 살아갈 것.

Niemand liebte mich, wenn ich weine.
Die Landschaft ist nur mein Gedicht,
die statt mich weint.

꽃의 위로
밤의 심장

그리고
남겨진 것들.

봄의 언어

—

줍기에도 너무 많은 봄의 낱말이
길가에 흐드러진다.

아쉬움이 바닥에서 나뒹구는 그런 날,
그것을 밟으며 걷는 일,

나의 계절로 옮기는 일,
떨어진 꽃들의 이름을 한 장 한 장 불러주는 일,

죽어가는 꽃잎에게 최고의 시였다고 말해주는 일,
그것밖에는 할 수 없는 일,

환한 그것들이 눈가에 엉켜 붙어 조잘거리다가
우수수 떨어지기 시작하는 늦 봄이었다.

울고 싶은 날엔 꽃잎을 닦는다.

시

—

내가 잘하는 것
아무 데서나 펑펑 소리 내어 우는 것.

눈물 그 자체가 시일 수 있다면
나는 지상에서 제일 많이 울 수 있는 사람.

Traenen sind
die Sprache der Seele die zugleich auch
meine besten Freunde.

Hoerst du gar nicht, was ich schreie?

—

어쩌면, 꽃들은 밤새 외쳤을 것이다.
나의 마음이 들리나요?
나의 진심이,
이 외침이 당신에겐 정말 들리지 않는 건가요?

이따금씩 온몸을 다해 마음을 외친 적이 있다.
가장 큰 목소리로, 세상 떠나가도록 마음을 외쳤다.
아무에게도 들리지 않는 이 밤에,
세상 고요한 이 새벽에,
도저히 아무도 듣지 않는 그 절정에서
그 절정 속에서만 꽃들은 서서히 피어날지도 모른다고 생각했다.

외치고 외쳤다.
안. 들. 리. 나. 요. 정 말, 당. 신.
아. 무. 것. 도. 들. 리. 지. 않. 나. 요?

―

그때,
나도 피어나고 있었다.
꽃들을 부둥켜 주저앉고 펑펑 울고 싶던 이 밤에.

Innere Augen

―

흔들리는 풍경을 보고 있으면 눈가가 부풀어 오른다. 저 생동하는 풍경은 그러니까 내가 살아있다는 증거이다. 내가 살아있는 연유로 꿈틀대는 것이다.

―

모든 풍경의 소실점은 동공이 아닐까 생각했다.
풍경들은 눈가에 와서야 팽팽히 들어찬다.
눈동자는 풍경을 마음으로 옮기는 문이라 생각했다. 길가의 새소리며 눈발이며 바람, 달빛, 발자국 같은 것을 바라보며 주워 모았다.
마음으로 옮기기 위함이다.

나뭇잎

—

높은 나뭇가지에 매달린 나뭇잎은 바람에 맞아
제 몸을 쉴 새 없이 흔들어 보이기도 했습니다.
잎의 앞 뒷면을 손바닥을 뒤집듯 뒤집는 것인데,
마치 우리의 마음과 같은 것인데,

오늘도 여기서 얼마나 요동쳤을까요.
바람 앞에서 요동치던 건 눈물인가요, 당신인가요.

감정의 상향곡선과 하향곡선을 마치고 잠이 드는
시간, 온통 흔들리느라 고단합니다,
눈을 감으면 아까 바람에 펄럭이던 잎사귀들이 여
전히 펄럭입니다.

재배

—

텅 빈 화분을 바라본다.
그곳에는 언젠가 꽃이 피기를 염원하며 물을 주던
마음이 있었다.

이 텅 빈 집에 앉아 있으니,
꿈이며 희망이며 의지며 사랑이며 그런 것이 무슨
소용이 있을까.

근데,
나는 나를 살리려고 산 적도
나를 목표한 적도 없는데
나를 키우고 있는 건 무얼까.

빈 방에 앉아 물 한 잔을 마시며 생각했다.
나는 저 홀로 재배되고 있다.

보이지 않아도 보이는

—

보이지 않아도 보이는 마음이 있다. 이불 안에서 서로가 체온을 다하듯, 땅 속 깊이 웅크리고 있는 씨앗들, 찔끔 자란 수풀도, 늙은 고목 뿌리들도 흙 아래서 손과 손을 견고히 맞잡고 겨울을 이겨나가고 있는 것이다. 아무도 모르게 의지를 다하는 빈 뜰에도 이제 볕이 내린다.
어떤 날엔 참으로 인간이라 외로웠다.

잡초

—

잡초처럼 서 있었습니다. 세상 까짓것 힘들어 봐야 얼마나 힘이 드냐고 며칠 전에도 결심하였건만 진짜로 힘이 드는 겁니다. 까짓것 힘들어 봤자 내가 더 독하다고 되뇌었건만 힘든 그것이 나를 이기는 날도 있습니다. 생존한다는 것이 이토록 힘겨울 때면 산책을 합니다. 내 발아래에서 압력을 견디는 풀들은 말이 없었습니다. 서서히 몸을 다시 세우는 그것이 나보다 더 강할 때도 있습니다. 잡초를 무시할 수 없습니다. 저 여리고 여린 것들이 얼마나 묵묵히 생명을 다하는지 잡초가 아니라서 감히 알 길이 없지만 막연히 추측해보는 겁니다. 그들은 몸통이 잘려나가고 숱하게 밟혀도 결코 숙는 소리 하니 않고 서서히 일어서며 살아있는 겁니다. 선생은 저 잡초다 싶어 환한 이 대낮에 엎드려 절이라도 할 뻔 했습니다. 잡초보다도 못한 하루를 살 뻔 했습니다.

악

—

악으로 버티어도 본다. 이끼가 얼마나 오래 햇볕에서 버티는 건가. 내 몸이 나를 임상실험하는 기분이 든다. 서서히 말라가는 기분을 고스란히 느낀다.
그러나 멈출 수도 포기할 수도 없는 것. 이 성장통의 마지막을 알려면 끝 간데를 가봐야 알 수 있으므로, 이끼가 꽃이 될 수 있는지는 가봐야 한다.
나는 그것만을 궁금해하기로 한다.

젖어있는 모든 감정에는 향기가 난다.

지금 이 시간은 침묵해도 좋다,
백합꽃 향기가 주인공이니까.

홀로

—

아무도 찾아오지 않는 숲에는 그들이 산다.

제 몸을 능가하는 향기와 하나뿐인 색감으로
허공에 점묘화를 완성해 나가는
가만히 들여다보면 말이 없는 꽃들은,

그래, 예쁘다 예쁘다 안 해줘도 저 홀로 아름답다.

—

영원하지 않기 때문에, 우리는 늘 아쉬움이 남을 테지만, 가슴속에, 자꾸만 꽃잎을 그러모아 그 무게를 감당하고 살아가겠지만, 이 계절만큼은 사람이 아닌 꽃으로 살자.

나는 너를 붙잡기 보다는, 잠시 곁에 있어줘서 감사하다고 말 할 수 있는 사람이 되고 싶어.

가끔은, 꽃으로 살자.

바람 간 자리에 마음이 불어요

—

Es windet,

Ich lebe in meinem Erinnerungen, die ich
sorgfaltig pflege, wie einen kleinen Garten,
den du verlaesst.

―

이 페이지에는 바람 같은 사람과 나무 같은 사람이 만나서 사랑을 하고 이별을 했다는 이야기가 있었습니다.

문장을 지우자 바람이 몰려들었습니다.

—

저기, 바람이 흔들리는 게 보여요?

―

당신의 어깨에 기대어 해 질 녘 풍경을 바라보았다.
당신은 나무를 가리키며 나지막이 내게 속삭였다.
저기, 바람이 흔들리는 게 보여요?
바람이 온통 흔들리고 있어요,

그가 그런 말을 할 때면
나는 두 눈을 꼭 감고 바람을 느꼈다.
마치 이리저리 날리는 바람이라도 된 듯,

그 말을 지금에 와서야 돌이켜 보는 이유는
당신이 떠나간 이 계절 속에서,
반쪽뿐인 이 시간 속에서,

이제는 바람이 온통 흔들리는 게 선명하게 보이기
때문이다.

―

나뭇잎 사이로 당신이 보낸 바람이 걸려있어요.
당신이 온통 푸르게 흔들려요.

—

우리는 꽃 지는 거리를 서로의 손을 꼭 잡고 걸었었
다. 영원히 서로의 손을 놓치게 될 이유로 그토록 두
손을 꼭 잡고 싶었는지도 모른다. 한 번의 봄은 다시
찾아왔고, 걸었던 그 거리를 다시 걷기도 했지만,
어떤 꽃은 세상 그 어디에도 없더라.
가슴을 치다가 영영 져버리기도 하더라.

—

Obwohl du dich von mir abgewandt hast,
schreibe ich dir immer noch.
Ich bin ein einziger Mensch,
der sich deutlich an deine Augen erinnern
kann.

Ich bin da, in der tiefen Nacht,
in deinen Shatten, in deinem Herzen,
Darin warte ich auf dich.

—

볕이 잘 드는 Aasee 에 자전거를 세우고 우리는 자리를 폈다. 당신은 캔맥주를 마시며 그림을 그렸고 나는 제법 슬픈 소설을 읽느라 당신의 무릎이 필요했다. 서로가 서로의 살결에 기대고 있을 때면 꼭 시간은 우리를 제외한 채 흘러갔다. 피부 깊숙이 햇볕이 녹아내렸다.
이 고요를 감사하자 마음먹었을 때, 머릿결을 만지는 보드라운 바람이 불기 시작했다.

온화한 바람의 냄새가 나는 책장은 잘 넘겨지지가 않는다.

―

당신의 그림이 좋았다. 그림 속의 나무가, 나무를 흔드는 바람이, 나는 그 그림을 뚜렷이 느낄 수 있었다.

당신이 나를 물들이는 시간이 제일 좋았다.
이젤에 캠퍼스를 올려놓고선 내 이마 위로 타고 흐르는 정오의 빛줄기에 몰두하는 당신의 눈빛을 사랑했다. 골몰하는 미간이며 휘어진 등이며, 숨소리며, 견딜 수 없어서 달려가 껴 앉으면 말없이 웃는 그 침묵이 좋았다.

—

우리가 살던 집은 제법 서늘했지만, 그래서 당신 살결의 체온이 좋았다. 같이 빨래를 말리는 일. 서로의 양말이며 속옷을 가지런히 접어주는 일. 같이 마당에 비질을 하는 일. 창밖으로 낯선 소리가 들리면 블라인드 사이로 그들을 관찰하는 일. 허공에 서로의 손을 펼쳐 볕을 만져보는 일. 아침마다 원두를 내리는 일. 그 커피 향을 맡으며 깨어나는 일. 그러다가도 부스스한 내 얼굴, 눈썹이며 콧잔등을 종이 위에 연필로 옮기는 당신. 그런 것이 자꾸만 떠올라서 견딜 수 없었다. 비록 우리는 다른 시차를 살지만, 마음은 나도 모르게 당신의 향기며 눈빛이며 흥얼거리는 노랫소리며, 따사로운 햇살과 촉감까지도 움켜쥐고는 두고두고 꺼내보자고 한다.

―

바람도 먼저 떠난 바람이 낫다.
모두는 과거를 잊지 못하니까,
그래서 당신은 내게 영영 뒷모습이다.

—

당신의 뒷모습이 좋았다.
머리칼이, 그림자가,
떠가가는 당신을 흔드는 그 바람이.

—

Du fehlst mir so sehr,
Ich denke an die Zeit zurueck,
die wir miteineander verbracht,

Es waren meist schoene Momente.

—

같이 그림을 그리면 캠퍼스에 그려진 꽃들에게도
눈을 감고 코를 묻어 향기를 맡던 그였다.
내가 어떻게 그런 아름다운 당신을 잊을 수 있을까
당신이 없는 내가 더 이상 무엇을 그릴 수 있을까

당신의 눈 속에는 달빛, 밤공기, 꽃향기, 바람이
가득하다. 나의 마음은 당신의 눈을 잊지 못해서
늘 달빛, 밤공기, 꽃향기, 바람 따위 밖에 말할 수
없는 건가 생각했다.

Meine kleine Garten

—

너는 가만히 다가와서는 내 마음에 씨앗을 심고 떠나갔다.
잠이 오지 않는 밤이면 이상하게도 어떤 감정은 무럭무럭 자라나기도 했지.

그 씨앗 때문이구나,
그날 이후로 마음은 한 뼘씩 자라나는 이유는,
네 마음은 괜찮아?

우리는 그렇게 서로의 가슴에 풍경을 심어주고 떠나간 연유로 나는 그것이 메마르지 않도록 물을 주며 살아간다.
아직 내 속에는 그날의 풍경이 시들지 않고 화창했다.

―

기억 속 그곳에도 해가 뜨고 비가 내립니다.
숲이 자라는 건 얼마나 큰 위안인가요.
여전히 풀벌레 소리도 있고 밤의 미풍도 부드럽죠.
너무도 다정하고 가까워서 만져질 것만 같았어요.

그래서 내가 거기에 살구나, 하고
자주 착각을 하곤 합니다.

Trotzdem

—

그럼에도 불구하고 이렇게 살아갑니다.
고양이가 길을 걷다가 나에게 한 번 안겼다고 해서
내가 고양이의 삶을 계속 살 수는 없지 않습니까.

꽃들은 좋겠다

—

휘어지는 음영 속에서 어지러운 지도 모르고, 어둠이 제 목덜미에 달라붙는지도 모르고, 앞만 보며 그저 좋다고 흔들린다. 뒤돌아 보는 일 없어 좋겠다.

있었다

—

가만히 앉아 있었다
있다
과거는 과거에 있었다
오늘은 오늘에 있고
내일은 아직 오지 않았다
그러니 다 무슨 소용인가
이 문장은 내 삶에 어떤 대단한 의미가 있는가
삶이 삶도 모르게 살아가자

나의 꿈은
그냥 사는 것
그냥 중 제일 좋은 그냥으로 사는 것.

—

Ich bin da, und warte auf dich ewig,

Siehe nur den Kieferbaum und
Fühle einige Windspuren
einsam im tiefen Wald stehen,

dann Höre ein Lied der Vögel
Schliesse deine Augen
bleib still und innere Ruhe.

Ich bin da, und warte auf dich ewig.

꽃의 얼굴을 보았다

―

혼자이고 싶은 시간이 찾아 들면, 나만의 장소에 찾아간다. 밤의 고유한 향기를 좇아 걸었다. 그곳에는 자홍색 풀 꽃이 서서히 달빛에 익어가고 있었다.

꽃아,

너, 내 얼굴 가만히 보고 있네
예쁘네, 나보다 더 좋은 곳에 산다.

Es freut mich, zum Glück habe ich dich nun gesehen. bin nicht mehr einsam,

달빛이 맑다. 내 밤을 만지는 누군가의 동공처럼,

슬픔은 나의 편

—

밤이 넘칠 때마다 밤이 되어버리면 위로가 되었다. 그런 방식으로 슬픔이 찾아 들면 슬픔이 되어버리곤 했다. 그러면 더 이상 슬프지 않았다.

나는 슬픔이 아닌데 왜 슬플까, 생각하다 보면 슬프다고 생각하기 때문에 그 생각이 슬펐던 것이고, 그럼에도 불구하고 슬픔이 가시지 않는다면 온통 슬픔이 되어버리면 되는 것이고, 슬픔을 내 편으로 삼아 온통 슬픔이 되고 나면, 그러면 이상하게도 눈 뜬 아침부턴 아무렇지가 않은 것이다.

슬픔은 슬픔을 모르고 기쁨은 기쁨을 모르는데,

—

Todestag meines 'April'
eine Pflanze, die seit drei Jahren
zusammen lebte, ist heute gestorben.
Daher bin sehr traurig,
Eine jaemmerlich, heruntergekommen
verwelkte Blume,

Ihr Name ist 'April'.
nie vergessen, nie vergessen,

흔들린다

—

어쩌면 지나쳐 갈 아주 작은 일들이
내 삶의 전부를 흔들었는지도 몰라.
아주 사소한 슬픔 하나가 확대된다.

때로는 그것이 무너지게 하지,
마치 당장 죽을 것처럼,
더 살 의미가 없어진 것처럼,

그러나 아무도 죽지 않았고.
우리의 삶은 흔들린 채 계속 유지되는 것이지,

마음은 얼마나 여린 것인지,
그러면서도 얼마나 질긴 것인지,

여기에 이렇게 서서 쉼 없이 흔들린다 내가,
그리고 네가.

―

당신이 부재하고 나서야 나는 당신을 사랑했다. 볼 수 없게 되어서야 보이는 것들은 이렇게 남아서 당신을 대신한다.

어쩌면 지금의 나는 당신보다도
남겨진 마음들을 더 사랑하는지도 모른다.

하루의 끝자락에서

—

이곳은 여전히 어둠 속입니다.
얼마나 시끄러운 적요인가요,

밤이 되면 풀벌레도 저토록 자신 있게 웁니다.
온 마음을 다해 떠나가도록 웁니다.
우리는 왜 남 몰래 울어야 할까,
생각해보는 밤입니다.

저는 더 울부짖다 잠들 거예요.
당신도 더 울다 잠들어도 되어요.

그리고 내일 다시 태어나듯. 태연하게 살기로 해요.

―

해 질 녘 노을 속 새떼의 날갯짓을 보았나요.
발 달린 짐승들이 날뛰는 것 보았나요.
논두렁 청개구리들은 달 빛 아래서 우렁찹니다.
날 짐승들은 매일 밤 떠나가라고 웁니다.
떠나가라고.

살아있는 건 꼭 하루의 끝에서 발광합니다.
별도 지기 전에 가장 빛이 나요. 남은 빛을 다 쓰고
저뭅니다. 모두는 하루씩 살아가는 겁니다.

아마 그렇습니다. 제가 밤마다 짓거리는 이유도.
하루의 마지막 끝자락에서 존재를 외치는 연유도.
그리하여 보이지 않는 이 밤이 소란스러운 것도.
하루씩 잘 살아가고 있다는 방증입니다.

유감

—

그리운 것이 많은 것으로 보아 이번 생도 글렀어요.
아낌없이 만나고 전율하고 아파하고 그리워하고 모든 감정을 다 쓴 후에야 아, 잘 살았구나, 하고 꽃처럼 시들 수 있을까요.
꽃처럼은 아니구나, 꽃은 꽃도 모른 채 살아가는데, 저토록 눈부신 몸짓만 실천하며 살다 가는데, 어쩔 수 없는 인간이라서, 떠나가는 바람에게도, 멀어지는 당신들에게도 이 오지랖을 떱니다.
꽃으로 태어나지 않아 유감입니다.

이 생을 더 이상 연습하고 싶지 않은데요.

슬픔이 지나간 자리

—

밤이 지나간 후에 아침이 밝아 올 거라는 걸 아무도 알려주지 않더라도, 우리는 두 눈을 비비며 일어날 것이다. 이따금씩 슬픔이 지나간 자리에 스며드는 고요와 함께 다시 태어난 듯 살아보기로 한다.

죽기 좋은 계절

—

네가 무심코 뱉은 말에 우울해지다가, 네 옆에 있는 음악도 우울해질 때가 있다. 이 공간도, 시간도, 계절도 우울해진다. 저기 이유도 모른 채 살아 있는 물고기도 하염없이 우울해진다. 갑자기 내 삶이 다 서글퍼져서 어항에 코 박고 빠져 죽을까도 싶다가, 통째로 물속을 헤엄치는 기분이 들기도 하다가, 가까스로 살아나오는데 이 계절을 다 썼다.

무심한 네 말은 딱 죽기 좋은 계절 같았다.

—

사실 우리는 우울한 게 아니라
우울하고 싶어 하는 건지도 몰라요.

부재에게

—

당신의 부재에도 불구하고 아무렇지 않게 글이나 끄적이는 것을 보면 그러다가 배고프면 밥 먹고, 실컷 웃다가 가끔 울다가 잠드는 것 보면,
커다란 밤이 익숙하게 된 이 날들도, 한 켠에 제법 큰 허공을 지니고 사는 것도, 추운 까닭에 두꺼운 옷을 켜켜이 입는 것도 제법 잘 살고 있다는 안부입니다.

그대도 있었다

—

마음이라는 이 어지러운 수심 속에서 오래오래 유영했다. 마치 하늘을 날듯, 나는 당신 곁에서 우아한 새라고 착각하기도 하였다.

Die Geliebte der Nacht

—

Eine Stille auf der Bank,
Das Mondlicht auf den Raendern der Blaetter,
Die Blumen, Graesser im Wald,
Wie ein Blumenblatt langsam verwelkt,

In diesem Augenblick spuere ich den Wind,
wie er verschwindet, weggetragt,

Ich liebe diesen Moment.

매일, 밤

―

누군가가 내게 왜 어둠을 주로 쓰느냐고 물었다.
네, 주로 밤을 쓰는 이유는요, 낮에는 일하느라 시간이 없고요, 오전에는 밥하고 청소하고 살림하고 강아지 산책하느라 정신이 없기 때문이에요.

그건 사실.

매일 눈을 뜨면 이 시간만을 기다려요. 그러면 하루가 잘 버텨지기도 해요. 설레는 무언가가 매일 찾아온 다는 것도 다행이고 그것이 애써 얻어지거나 비용이 발생하지 않아서도 좋아요. 매일, 밤은 부르지 않아도 찾아오니까요.
그것만으로, 그 염원만으로도 잘 살아집니다.

좋아합니다

—

꽃과 꽃 사이
달빛과 어둠 사이
어제와 오늘 그리고
당신과 나 사이
사랑과 이별 사이
그리고 계절과 계절 사이.
새벽과 아침
호흡과 침묵
잠과 꿈
그 사이사이.

오늘

—

화분의 아파리를 닦기. 물고기에게 밥을 주면서 표정 바라보기. 어항 속 물 달팽이 잡기. 그러고도 시간이 남아돌면 여과기와 이끼 청소하기.

도시락을 싸고, 방바닥에 돗자리를 편채로 피크닉 하기. 선글라스 끼고 낮잠 자기.

봄 여름 가을 겨울 감정과 계절별로 노래 선곡하기. 음악을 들으며 흐느적 거리기.

먼지 한 톨 나오지 않을만큼 방바닥을 닦고 또 닦기. 다 닦았으면 냉장고 서랍장까지 모두 닦기.
욕조에 누워 물장구 치기.

밤이 오면 맥주에 황도 복숭아 넣어서 빨대로 빨아 마시기. 불이 켜진 건물 창문의 숫자 세기.

—

이별은 다시 나에게서 나에게로 돌아오는 것.
다행이라 말할 수 있는 것.

자 목련은 홍 매화의 삶을 살 수 없고 홍 매화도
자 목련의 삶을 살 수는 없다.
우리 인간도 그와 같아서 내 스스로를 피워낸다.

―

너무 슬퍼하지 말기를,
견뎌야 하는 모든 시간은 견디어야 했고
견딜 수밖에 없었으며 견뎌지는 것이니까.

그리고 너무 상심하지 않기를
사라져야 하는 모든 것은 사라져야 했고
사라질 수밖에 없었으며 사라지는 것이니까.

꽃의 모양처럼 위안이 되는 자세와
꽃의 언어처럼 단호한 침묵,

그리고 꽃의 실천에 대해서라면
겸손해지기로 해요.

꽃을 앓았다

―

어쩌면 꽃은 피는 게 아니라 앓는 건지도 모른다.

꽃이 피었구나, 가 아니라 꽃이 앓았구나, 라고
바꿔 말해야 할지도 모른다.

이 아름다운 계절에,
불현듯 태어났으므로, 신열이 끓는 이 몸을,

꽃과 같이 앓아보자 했다.
얼굴이 뜨거워 지도록 붉어지자 했다.

—

오늘은 살아있는 이 느낌을 오래 만끽했다.
나를 사랑하는 시간을 살려고.
오로지 내 삶을 살아내려고.

―

따스한 햇살을 배불리 먹고 누웠다.
노곤하고 포근하다.
내 인생 최고의 하루였다.

일요일

—

오후의 한가로운 어깨에 앉아 한없이 기울어지며
놀았다.

한 개의 나뭇잎을 보았고,
일초가 일초의 바람을 밀어내는 장면도 보았고
손끝에 그것이 조용히 와서 매달린 것도 보았고
그것이 깍지 끼는 것을 보았고
손 끝에서 꽃이 피려고 하는 것도 보았다.

―

그 순간 하나의 문을 보았다.
시간의 바깥으로, 영원으로 흐르는 계절을 보았다.

떨어지는 꽃잎이 정지하는 순간,
바람이, 나뭇가지를 흔들다가 내 곁으로 몰려와
살결에 오래오래 눌러앉는 순간,
살결이 햇살을 야금야금 훔치는 순간,
이대로 더 바랄 것이 없다 생각하는 순간.

그럴 때면 나는 더 이상 내가 아니다,
이미 영원의 몸이다.

Ruhe im Herzen , in aller Ewigkeit

아직 여기

—

봄의 뒷덜미를 만져본다. 눈을 뜨는 아침과 잠이 들 무렵이면 그것이 선명히 보였다.
다시 오지 않을 그것의 체온을 느낀다.
아쉬움이 많은 것은 그도 마찬가지인지 모두가 다시 혼자될 시간이 오면 나 아직 여기 있다고 속삭이는 듯 선선하고 온화한 바람을 보내는 것이다.

꽃잎처럼

―

둥글게 펼쳐진 꽃잎처럼
촉촉한 시야는 멀지 않는 곳곳의 풍경에 당도한다.

오늘은 어디에 착지하기 위해 고요히 내려앉는가,

오늘은 누구의 손등에 매달리려고,
누구의 마음을 붙잡으려고.

안부

—

진홍빛 상사화가 등 뒤로 발목을 잡아 끈다.
뒤돌아보면 해사하게 흔들리는 그 안부가 반가워
그 작은 얼굴들에 코를 박고 펑펑 울고 싶어질 때
도 있다.

어떤 눈

—

눈에도 심리가 있어
어떤 눈은 마음을 읽고, 생을 들여다본다
어떤 눈은 감정을 느끼고
어떤 눈은 말을 걸고, 노래를 부른다.

꽃을 바라보는 눈은 아름답다.
향기를 맡는 눈은 더 아름답다.

거리

—

멀리 있다고 먼 것도 아니고,
가까이 있다고 가까운 것도 아니다.
보인다고 보았다 말할 수 없고,
보이지 않는다고 안 보이는 것도 아니니까,

마음의 영역에선,

동의

―

참새들이 덤불 속에서 요란하게 운다.
세상 참새들이 다 몰려든 거 같다.

새들이 모의를 하면
나는 침묵으로 동의한다.
그래, 그렇게 해라,라고
모든 의견에 동의한다.

자연의 운율은 아름답다.
나도 저들처럼 당당한 능력을, 뚜렷한 발음을 갖고
싶었다.

심장도 없이

―

나무와 풀들처럼,
심장도 없이 살아도 좋겠다 싶었다.
가슴 칠 일도 없이,
가슴 쓸어내릴 일도 없이.

한갓

—

나는 새의 단잠을 깨울 수 없는 사람이에요. 그 아름다운 꿈을 어쩌지요. 저 가는 풀잎의 손짓을 꺾을 수도, 해사하게 웃고 있는 꽃들의 얼굴을 잡고 흔들 수도 없어요.

기껏해야 사람일 뿐인데요.

불어오는 바람을 멈추게 할 수도, 곁을 스치는 풀벌레의 세월을 이해할 수도 없어요.
미미한 인간의 능력으로, 스쳐 지나가는 모든 풍경을, 어찌 막을 수 있겠어요.

—

네, 여전히 저는 지는 꽃잎을 쓸어 담아 문장을 만들어 봅니다. 기껏해야, 무릎을 꿇고 앉아서 시들어가는 그들의 언어를 염탐하는 일 외에는 할 수 있는 것이 없는 사람 입니다.

모든 살아 움직이는 것들

—

이팝 꽃 망울이 팝콘처럼 터지는 광경을 보려면 그 앞에서 며칠을 보내야 한다.
그런 빅뱅의 장면을 목도한다면 당신은 행운이다.
꽃과 꽃들. 별과 별들 당신과 당신들이 한 데 엉켜 있는 이런 계절이 오면 나는 조심조심 걷는다.
세상의 모든 살아 움직이는 것들이 대 우주를 이루는 중이니까. 꽃 잎 한 장이 지금 막 태어나고 있으므로.

—

떨어지는 꽃들을 슬퍼할 것.
실컷 슬퍼하고 실컷 그리워할 것.
그리고 나서 다음 계절로 굳건히 나아갈 것.

세상에 온 마음을 내던지자.
온 계절을 흔들리며 통과하자.
땀 흘리듯 흠뻑 젖어도 좋다.
최대치로 웃고 최대치로 울자.
개운하게 다음으로 건너가기 위해선.

이름들

—

이 세상은 온통 내가 지은 적 없는 이름들뿐이다.
내가 정하지 않은 이름 내가 정하지 않은 미래,
내가 정하지 않는 예속된 시간 속에서 살아가는 것.
그것을 과연 삶이라 부를 수 있는 것일까?
온전히 나 자신으로 살아간다는 것이 가능하기나
할까?

햇빛 탓

—

너를 만나러 가는 길에 이상하게 자꾸만 눈물이 났다. 햇빛 탓이겠지, 했다.
잠시 꺼 두었던 마음을 다시 키자 이 빈약한 풍경 속에서도 온갖 환한 것들이 쏟아져 내렸다. 아무도 찾아오지 않은 내면에 누군가가 볼륨을 높인다.
조동진과 박선주의 노랫소리 같은 것이 반복 재생되고 있었다. 내가 좋아했던 노래들이다.

그렇게 나뭇잎 사이 사이에도 봄이 찾지 하나보다, 했다. 오늘 하루도 깊었고 살이 올라서 제법 완전한 기분이 들기도 했다. 햇살이 눈부신 탓인지, 날씨가 좋은 덧인지 네가 보고 싶었던 건지 모르겠지만, 자꾸만 눈물이 나는 걸 어쩔 수 없었다.

낙원

—

우리 위로가 되는 곳 하나 정도는 만들기를 바라요.
향기로운 낙원 하나 정도는 발견하기로 해요.
단지 한 평의 안식처가 필요했어요.
바람이 불고, 별이 내려앉고 미풍이 방문하는,
이곳에 앉아 있으니 세상이 더는 외롭지도, 힘들지도 않아요.

자연의 향연을 봅니다.
이 비밀은 오로지 나를 위해 상영되는 극장입니다.

무대

—

자연의 악장은 경이롭다.
새, 구름 햇빛 바람이 출몰하는,
이보다 호소력 있는 무대를 본 적 없다.

어둠이 내리고 2막이 시작되면,
차이콥스키의 비창을 배우지 못한 풀벌레들도
저렇게나 자신 있게 운다.
제 몸을 초월해서 운다.

처방전

—

늘, 어떤 심란 속에서도 자연은 유일한 처방전과 같았다. 지치는 날엔 사람이 아닌 이 불립문자의 풍경 속에서 더럽혀진 온몸을 닦았다.
자연의 속도로 걷다가, 그들의 시간에 편입한다.
바람에 몸을 맡기는 나무처럼, 서서히 손가락을 서서히 펼쳐보는 일, 햇살을, 봄바람을, 그리고 유속의 시간을 만져보는 일, 꽉 웅크린 양 손을 펼쳐 보는 일. 그 것만으로도 이상하게 마음이 편안해 지는 것이다.

―

그 순간 바람이 떠나감을 실천한다.
꽃이 흔들림을 실천하고 낙엽은 떨어짐을 실천한다.
이념도, 관념도 없이. 희망도 좌절도 없이.

고요

—

비 내리는 아침엔 화살나무 새순 따다가 찻잎을 만들어야 하는데. 낙원은 거기 있겠지. 차를 마시며 달달한 고요에 빠져 죽어도 모를 일이다.

개화

―

달빛도 없는 이 밤, 창 안으로 환한 것이 눈부셔 나가보니 목련나무 한 그루에 흰 것이 온통 피어있었다.
방금 개화한 첫 꽃 잎이 남의 집 지붕 아래서 우아하게 몸을 빗고 있었다.
꽃잎 한 장 한 장 밀어낸다고 이 밤이 이리도 환한가 보더라.
저 작은 몸짓에도 내 마음이 활짝 피었다.

—

가장 힘든 순간이 개화하기 가장 좋은 조건이니까. 누군가는 그 아픔을 끌어내어 흔들리며 피고 있으니까. 그렇게 피어난 꽃이 제일 아름답다는 걸 아니까. 힘든 순간이 오면 나는 기회로 생각하여 그 고통 속에서 더 발견할 무엇이 없는지 늘 찾을 것이다.

—

언제부터인가 그것을 잘 이해하게 되었다.
발끝에서부터 길어 올린 꽃대의 암흑을
조용히 수승하는 그 노고를
꽃잎 한 장을 인내하는 시간을.
결코 강할 수밖에 없는 생명의 힘을.
태어난 것들의 모든 몸부림을.

그리하여 그것을 받아 적고 있다. 온몸으로.

살아있는 동안

—

우리는 모두가 불변의 마음과 영혼과 생명의 소유자이니까, 삶을 자율적으로 이끄는 가장 근본적인 에너지이니까.
생명을 발견할 것. 두 눈을 감지 않고서는 바라볼 수 없는 내면의 빛을 간직할 것.

그러니까 살아있는 동안 살아있을 것,
죽을때 까지 죽어 살지 말 것,
삶 없는 삶을 살지 않을 것.

Ein Traum in der Sommer-Nacht

—

한 여름밤의 꿈, 같은 짧은 생이 있다.
실재라 할 수 없을 만큼 빠른 유속의 하루와
실체라 할 수 없을 만큼 낡아가는 육체가 있다.
눈앞의 풍경은 태초의 무엇과 닮았고,
의미 정도는 없어도 무관할 고요를 닮았고,
어쩌면 믿고 싶은 영원과 남기고 싶은 마음이 있지만, 잡을 수 없는 것은 손가락을 통과하는 바람에서
읽고 순응하는 것은 떨어지는 꽃잎에서 느낀다.

내가 아는 건 내가 아직 존재한다는 것과 언젠가 존재하지 않을 것이라는 사실뿐이겠지만,
할 수 있는 일은 그럼에도 불구하고 나는 살아가는 것, 내 안에 머무른다는 것과 마음이 움직이는 방향을 걷는 다는것. 그리하여 걷는다. 알 수 없는 채로,
걸어야만 한다.

우리 여기에서

—

마음이란 항상, 현재에서만 작동하는 것이니까,
또한 그건 순간 속에서만 확장되는 것이니까,

오지 않는 미래와 떠나간 과거는 이곳에 없는 것과 같으니 우리 더 이상 골몰하지 말자. 울어도 오지 않고, 울어도 돌이키기 어려운 시간에 대해서 만큼은.

잡을 수 있는 지금, 이곳, 우리 여기에서
지나갈 이 모든 것들을 맞이하며 사랑하자.

사실

—

그런 확신이 드는 것이다.
누가 살아있고 누가 보고 있는가, 누가 먹고 사랑하고 있는가, 누가 화나고 누가 우는 것인가, 그 모든 배후의 중심에 내가 있는 것이다. 누가 대신해서 살아가는 세상이 아닌, 해를 뜨게 하고 지게 하는 것은 나인 까닭에 내가 존재 함으로서 그것이 있는 까닭에, 눈을 감으면 모든 세상이 한 번에 사라지는 이 신기한 마술이 진짜 세상이라는 것을, 말한다면 모두가 웃을지도 모르는 일이지만, 하지만 그 세계를 사는 것은 나의 일이다.

Vor dem Aufblühen

—

나의 열정이 누군가는 꽃이 피는 거 같다고 말했다.
꽃은 더 버틸 수 없는 악조건에서만 핀다고 대답했다.

꽃봉오리에서 작은 꽃 하나 피어 올리는 게 얼마나 힘든 일인지, 어떤 색채의 꽃이며, 어떤 향기의 꽃인지 피어봐야만 알 수 있는 것들도 있다.
이제는 꽃이 보라색이던, 검은색이건 상관없다.
꽃이 피는 과정의 노고를 알아버렸으니까.

나는 어쩌면 피어오르기도 전에 아름다웠다, 고 이젠 말할 수 있겠다.

―

그리하여 누군가에게, 이젠 당당히 말할 수 있겠다.

꽃 필 때 꺾지 마라, 어떻게 죽을 만큼 밀어 올려 내민 얼굴인지는 꽃이 아니고선 모른다.

한동안은 길가의 꿈틀대는 애벌레도 눈물겨웠다,
한 번 꿈틀대기 위해 그 작은 것도 몸부림친다,
그러니 꿈틀댈 때 함부로 밟지 마라.

—

더 꿈틀대겠습니다. 굼벵이도 꿈틀대는데 가만있을 수 없죠, 어쩌면 이게 삶의 가장 자연스러운 방식인지도 모르겠어요. 다 그렇게 살잖아요. 꽃도 풀벌레도 꿈틀댑니다. 몸부림은 여전히 이 삶의 제일 아름다운 방식이라 믿습니다.

다짐

―

눈뜨고 잠드는 매 하루 처음이자 마지막인 것처럼
사는 것, 하고 싶은 것 해야 하는 것들 그저 행할 수
있기를 이미 일어난 일과 일어나지 않을 일들에 대
한 걱정 없이 지금을 후회 없이 사는 것,
시들어 버린 꽃잎과 피지 않을 꽃을 미리 슬퍼 말 것,
내 마음속 씨앗을 보듬어 줄 것,
자랄 수 있도록 그것만 보듬어줄 것, 보이지 않아도
보이는 것들을 발견할 것,
행복은 이미 여기 그대로 있으니 스스로 그 마음을
환하게 열어둘 것,
지금만 볼 것. 그렇게 은은히 번지는 선향처럼,
내면의 길을 믿고 의연하게 걸어갈 것.

—

Heute soll ich in ein Tagebuch schreiben,
welches nimand lesen wird,

Mein Leben zu retten bringt anderen Menschen
keinen Trost, sondern nur meinem Leben.

Das Leben vom Leben.
Also verleben wir, diese verlassene Zeit,

단지, 시간이 아프다

―

허겁지겁 도망쳐 나온 과거들도 뒤돌아보면 참 아름다웠고, 모든 울적한 순간들도 지나고 나면 빛이 났다. 그리하여 어느 날부터인가 나는 매 순간이 간절했다. 오늘이, 지금이, 그리고 내 곁에 맴도는 당신들이 언젠가 또다시 떠나갈 것임을 알기에, 마음을 다하고 싶다.

가슴 한편 아련한 그리움을 미리 간직해본다면,
이 현재가 저 멀리 떠나감을 먼저 볼 수 있다면,
세상은 더 나쁠 것도 더 혹독한 것도 없을 텐데,

어쩌면 지금의 고난보다 쏜살같이 사라지는 시간들이 더 가혹하기에, 어쩔 수 없는, 그래,
어쩔 수 없는 그것이 나는 제일 아팠다.

Das Ende des Tages

—

오늘 한 일, 아무것도 하지 않음을 한 일. 말하지 않음을 한 일. 허공을 보았다. 바람을 보았다. 그리고 밥을 먹었다. 보이지 않는 곳에서 꽃 한 송이가 정지했다. 꽃의 영정사진을 찍었다.

반성.
온통 스치는 것들을 붙잡아 두려는 손가락을 지면에 잘 묶어 두었다.

―

지금 나의 꿈 하나는 하루가 온전히 나의 삶으로 마무리되는 이 밤의 끝에서 죽은 듯 단 잠을 자는 것. 그리고 내일의 나는 짐짓 다시 태어나듯 벅차게 살아갈 것이다. 나는 오늘도 이 삶의 제일 빛나는 순간에게 말을 걸었다.

내가 나에게, 마음만은 변치 말자 했다.

노크하는 기억

—

나는 한때 농부였다. 감 농사짓고 살았다. 매일 아침 5시에 일어나 해뜨기 전까지 키가 한 뼘씩 자라는 잡초를 뽑고 낫질하던, 감나무 전지하고 나서, 낮잠을 자고 일어나 가만히 하루가 저무는 광경만을 지켜보던. 가지나 감자, 호박 고추, 머위나 산나물을 재배하며 하루치 식량을 해결하던, 마을 어르신들 따라가 양봉을 하고 꿀단지 한 병씩 얻어오곤 하던. 울력을 다 하고 따뜻한 밥 한 공기 얻어먹던. 나는. 더 바랄 게 없는 시간을 살기도 했다.

늘 이맘때 즈음 이면 이른 새벽마다 호랑지빠귀가 봄의 문을 삐걱삐걱, 여는 소리를 들으며 깨어났다. 나는 봄의 시작을 알리는 새소리도 반갑고 그 소리를 듣고 기지개를 피우던 동백 꽃 무리도 설렌다.

―

마실을 다녀오면 먼 발치에서 천리향이 아득히 나를 마중했다. 조금 있으면 내가 제일 좋아하는 명자 꽃 춤을 볼 수 있을 것이다. 그러면 한껏 달아오른 마음은 이미 봄이다.

여기선 느낄 수 없지만. 볼 수 있다. 보이지 않아도. 황금 새싹이 움트던 푸른 정원은 내 가슴 속에 여전히 봄을 준비하고 있으니까. 삶을 다하고 계절을 다하고 마음을 다하며 살았으니까.
밤이면 둥근 달빛이 이불을 덮던, 지리산.
고요한 신월리 마을에는 섬진강이 흐른다.

때로는 도심의 분주한 일상을 마치고 돌아와 그날을 들추어보면, 잊었던 온갖 꽃 냄새며 풀 냄새가 진동했다. 마치 잘 지내고 있냐고. 밥은 먹고 다니냐고. 안부를 전하는 듯 했다.

모든 것은 슬프고 아름답다

—

여기서 내가 앞서 걷지 못하고 서성이는 까닭은, 존재의 시간 곁에서 모든 것은 처음 만났고, 한번뿐이며, 그리고 다 떠나간다는 사실 때문이다. 동시대에 살고 있는 우리는, 꽃이건 사람이건 스쳤으므로 다 고마운 것이다.

모든 것은 슬프고 아름답다.

―

일어나기 위해 쓰러졌고, 웃기 위해 울었습니다.

이미 태어난 것과 아직 태어나지 않은 그리하여
이 생에 대기하고 있는 많은 사연을 건너기 위해
저는 또 일어서야만 합니다.

성공

—

어떤 세계에선 아무것도 부러울 것이 없다 합니다.
행복한 하루를 잘 사는 것이 가장 큰 성공이므로,
재잘대는 사람들과 몸소 전쟁을 치르지 않고서도,
말없이 이길 수 있는 마음도 있다고 합니다.
누가 뭐라 해도 동요하지 않는, 그 마음을 가진 자,
그리고 오늘의 꽃을 본 자는 제일 성공한 사람입니
다.

가난한 낙원엔, 못생긴 행복이 살기도 한다

〈이, 별의 사각지대〉

그런 사람

—

허물어져도 좋을 사람, 아무 선입견 없이 펑펑 울어도 좋을 사람이 한 명 쯤 있으면 좋겠다는 생각을 했다. 아무렴 그런 사람이 없더라도, 온전히 기댈 수 있는 이 밤이, 마음대로 울 수 있는 어둠이 있어서 괜찮다고 생각했다. 그 정도도 충분히 괜찮다고 생각했다.

—

나는 꼭, 그런 당신을 사랑했다.
생각하는 당신보다 행동하는 당신을 좋아한다, 책 읽는 당신보다 바람을 맞는 당신을 좋아한다, 말하는 당신보다 바라보는 당신을. 꽃을 보는 당신보다 향기를 맡는 당신을. 끄덕이는 당신보다 울어주는 당신을, 그러니까 바람을 느끼기보다도 바람이 되어버린 당신을,

온몸으로 이미 그 무엇이 되어 버린 당신을.

업무

―

어쨌건 나의 업무는

꽃의 탄생을 축복하고,
그들의 언어를 받아 적는 일.

달빛과 별빛을 사랑하는 일.
점차 명징 해지는 이 밤을 잠재우는 일.

소란을 만들고, 버리는 일.
그리고 그 앞에서 매일 밤 명복을 기원하는 일.

—

몰래 스치고 사라지는 바람도 바람이다.
잠시 내 곁을 스쳐 사라져가는, 문장들도
글이라 말할 수 있겠다.

—

Leben, wie eine Blume in einem unsichtbaren Wald, den nimand besucht.

살아 있는 모든 것들은
평평 울었다고 한다.

사라지는, 살아지는 모든 것들을
열렬히 사랑했다.

나가며

—

저는 시작된 적도 마친 적도 없는데 이 글은 어떻게 마지막을 고할까요. 알 길이 없어요. 결국 뒷모습을 보이고 말 이 장면을, 여전히 고민합니다. 먼저 가세요, 기다림은 저의 특기인 까닭에 당신의 뒷면에서 저는 다시 시작될 겁니다. 다만 다음 계절에서 우리 그리움이 아닌 꽃으로, 아니 그 무엇으로 또 만나기로 해요. 그동안 당신은 시들어 있지 않기를, 위태롭지 않기를, 바닥에 홀로 흐드러져 있지 않기를 간절히 기도합니다.

Zeit meines Lebens
사라지는, 살아지는

—

지은이 © 안 리타
메일 an-rita@naver.com
펴낸곳 홀로씨의 테이블

1판 1쇄 발행 2018 년 4월 5일
1판 12쇄 발행 2025 년 11월 23일

ISBN 979-11-961829-1-5

이 책의 판권은 저자에게 있습니다.
책 내용의 전부 또는 일부를 이용하려면 동의를 받아야 합니다.